PIRANDO
COM BOSSA E
BOROGODÓ

SILVIA WOLOSKER LEVI

PIRANDO COM BOSSA E BOROGODÓ

UM OLHAR BEM-HUMORADO SOBRE A VIDA E A ARTE DE SER MULHER

PREFÁCIO DE WASHINGTON OLIVETTO E APRESENTAÇÃO DE GLORIA KALIL

Editores
André Luiz M. Tiba e Luciana Martins Tiba

Coordenação e produção editorial
Estúdio Reis - Bureau Editorial

Projeto gráfico e diagramação
Gerson Reis

Capa
Joel Fernando Assunção Iuliano

Foto da autora
Bárbara Haddad

Dados Internacionais de Catalogação na Publicação (CIP)
Angelica Ilacqua CRB-8/7057

Levi, Silvia Wolosker
Pirando com bossa e borogodó : um olhar bem-humorado sobre a vida e a arte de ser mulher / Silvia Wolosker Levi ; prefácio de Washington Olivetto e apresentação de Gloria Kalil. - São Paulo : Integrare, 2024.
136 p.

ISBN 978-65-89140-11-5

1. Mulheres 2. Vida 3. Amor 4. Maturidade 5. Empatia I. Título II. Olivetto, Washington III. Kalil, Gloria

24-1950 CDD 305.4

Índices para catálogo sistemático:
11. Mulheres

INTEGRARE EDITORA E LIVRARIA LTDA.
Rua Tabapuã, 1123, 7º andar, conj. 71/74
CEP 04533-014 – São Paulo – SP – Brasil
Tel. (55) (11) 11-5841-1328
Visite nosso site: www.editoraintegrare.com.br

MUTATIS MUTANDIS

Silvia Wolosker Levi não é a Rita Lee, mas é uma mutante. Muda corajosamente o tempo inteiro.

Nasceu com tudo para ser uma grande médica, mas mudou para a odontologia. Tinha todas as condições para se consagrar como dentista de adultos, mas mudou para se dedicar a crianças com necessidades especiais.

Ia muito bem na odontologia, mas resolveu mudar para a publicidade.

Conquistou rapidamente o seu espaço na publicidade, mas preferiu mudar para a maternidade.

A maternidade é uma grande mudança na vida de uma mulher, mas nem por isso Silvia parou de mudar. Mudou de trabalho novamente, abrindo uma empresa de eventos.

A empresa deu muito certo, e durou até que Silvia mudasse de país. Mudou do Brasil para os EUA, de São Paulo para Miami.

Em Miami, Silvia mudou de esporte. Mudou do ciclismo que praticava no Brasil, para o trapézio que passou a fazer lá.

Silvia sempre foi uma leitora voraz, mas nos últimos anos mudou de leitora para escritora. Resolveu escrever sobre as suas muitas mudanças.

Num texto bastante sortido, como diria a minha comadre, Gloria Kalil, ela fala de cultura, cinema, música, literatura, artes, casamento, filhos, amizades, tecnologia, shows, menopausa, ventiladores e muito mais.

Aborda a vida de uma mulher mutante, desde a infância, até a maturidade, que tem orgulho de contar que, apesar dos anos terem passado, continua fã do Fábio Jr.

Pouco tempo atrás, Silvia, que acredita em mim bem mais do que eu mereço, me mandou seus escritos pedindo que eu sugerisse alguém para escrever um prefácio.

Sugeri que o prefácio fosse escrito por uma mulher. Ela concordou, mas depois mudou de ideia. Disse preferir um homem.

Sugeri alguns nomes masculinos, que ela concordou, mas depois mudou de ideia novamente dizendo que eu seria o homem perfeito para fazer esse prefácio, por ser um homem que entende a cabeça das mulheres.

Apesar de não achar isso nenhuma verdade, escolhi não tentar fazer Silvia mudar de ideia mais uma vez, até porque sei que são poucas as coisas que ela não muda na vida.

Entre elas estão o amor que tem pela família e o carinho que dedica aos amigos, categoria na qual eu, orgulhosamente, me incluo.

Washington Olivetto,
ícone da publicidade em todo o mundo, um dos publicitários mais premiados de todos os tempos

APRESENTAÇÃO

Não conhecia a Silvia Wolosker Levi, mas achei muita graça no perfil feito para ela pelo Washington Olivetto, onde ela é apresentada como um ser mutante.

Seres mutantes são sempre atraentes. Em geral criativos, divertidos e abertos aos embates de toda ordem que a vida coloca pela frente.

Ao que parece, essa mutante deu uma parada para um balanço. Cinquenta anos é um bom momento para essa empreitada. A pessoa tem o que lembrar, tem o que contar e, mais importante do que tudo, tem que se entender consigo para se equipar para novas aventuras.

Pelo que vi, Silvia Wolosker Levi, essa mutante solar, está muito bem preparada para isso.

Sobra alegria, curiosidade, disposição e coragem, como você certamente verá neste livro.

Vai firme, garota!

Gloria Kalil, jornalista, empresária e consultora de moda

DEPOIMENTOS

Um livro onde a autora coloca nossas dores, nossas mazelas e nossas vitórias. Experiências importantes para serem compartilhadas e absorvidas por outras mulheres. Sorte, saúde e muito carinho!

Preta Gil, cantora e empresária

Impossível não devorar este livro! É uma reflexão sobre o cotidiano de uma mulher que se reinventa a cada dia, num mundo ininterrupto, com todas as suas dissidências: mãe, mulher, amiga, filha, irmã. Eu amei e super me envolvi nessa leitura deliciosa!

Mariana Weickert, modelo e apresentadora

Li o livro da Silvia e me apaixonei de cara! Ela ainda é a Silvia risadinha! Um livro alto astral, leve e muito inspirador não só para nós, mulheres, mas para quem quer ser feliz! Enjoy!

Bia Aydar, empresária

Um mergulho sincero e vulnerável no universo de uma mulher mutante. Constatações e reflexões sobre o universo feminino e uma única certeza: a maturidade é libertadora. Viva Sil!

Daniela Cachich, executiva de negócios, conselheira consultiva e colunista

Um livro leve e tocante. As palavras vão nos abraçando de uma forma que despertam o autocuidado e o cultivo das relações importantes da nossa vida. Uma leitura que faz bem ao leitor e a quem está ao seu redor!

Natércia Tiba, psicóloga, psicoterapeuta de casal e família

Com delicadeza e uma linguagem leve, bem humorada, Silvia, artesã das palavras, nos convida, através dos capítulos deste livro, a refletir e acompanhar sua viagem pelo mosaico de emoções que habitam o universo feminino, pontuado por ciclos, encontros e despedidas, luz e sombra. Um prazer sem igual acompanhar a gestação e o nascimento dessa obra, que traduz a autora – uma mulher atenta ao mundo, no qual transita com leveza, intensidade e alegria de viver. Um livro para ler, reler, e ter ao alcance das mãos. Impossível não se identificar com algumas dessas histórias!

Adriana Fraguas, psicóloga, psicoterapeuta de casal e família

Ler este livro é como desfrutar de uma conversa animada entre amigas, onde compartilhamos experiências, nos apoiamos e nos fortalecemos. É uma leitura para todas as mulheres que desejam se sentir acolhidas, inspiradas e empoderadas em sua jornada pela maturidade.

Patô & Noca, cofundadoras da plataforma "Melhor aos 50"

PIRANDO COM BOSSA E BOROGODÓ

UM OLHAR BEM-HUMORADO SOBRE A VIDA E A ARTE DE SER MULHER

GRATIDÃO

Há alguns anos conheci um sábio. O mestre Içami Tiba.

Passava por um momento de transição em minha vida e ele, claro, com sua sensibilidade e sabedoria ímpar, me acompanhou na abertura e entendimento de minhas “gavetas de emoção”.

Uma dessas gavetas tive mais dificuldade em remexer, aquela que continha as lembranças de meu pai.

Perdi meu pai quando tinha 12 anos. Dr. Marcus Wolosker, médico, estudioso e respeitado. Para muitos, o melhor de sua geração. Para mim, apenas meu pai. Não tivemos muito tempo para as tradicionais conversas de pai e filha, mas nossos 12 anos juntos foram marcados por singelas e porquê não dizer mágicas trocas de amor e carinho. Seja quando eu estava em seu colo enquanto estudava seus casos ao som de música clássica, num passeio de domingo pelas bancas de selo e arte na Praça da República ou quando chegava em casa depois do trabalho assobiando para sua princesinha ir abraçá-lo. Não posso deixar de mencionar os dias em que eu o acompanhava nas visitas aos pacientes no Hospital. Naquele ambiente de cuidado e compaixão, ele deixava clara a sua grandiosa dedicação e empatia que o tornavam tão especial.

Meu pai me deu sua história, seu sobrenome, seu DNA, seu amor e seus ensinamentos sobre como viver a vida. A admiração que sinto por ele é eterna.

Este livro é uma homenagem ao seu legado.

De filha para pai.

Desde sempre. Para sempre.

DEDICATÓRIA

Para você, Alain, pela sua incansável dedicação em nos fazer feliz.

SUMÁRIO

INTRODUÇÃO

Nos cantos mais secretos da minha mente, onde as lembranças e os sonhos se entrelaçam, habita a minha história de evolução como mulher. Não me sinto uma expert, apenas uma mulher normal, como todas as outras, dentro de suas (a)normalidades, tentando sobreviver às nossas frenéticas transformações do corpo e da alma.

Não existiu nenhum evento extraordinário na minha vida para que eu tomasse a iniciativa de escrever este livro, mas, num dia normal, deu aquele click e me vi com uma vontade insana de dividir minhas experiências de vida, para, quem sabe, ajudar outras mulheres à beira das mesmas pirações à confiarem que existe luz no fim do túnel. Sempre me disseram que sou uma excelente ouvinte e uma ótima conselheira. Mas, tudo fica diferente quando se trata de nós mesmas. Aprendo a cada dia, a cada desafio e a cada encontro.

Foi um processo interessante, onde tive que lidar com "gavetas" que há muito estavam fechadas. Ao mesmo tempo em que aprendi a enxergar o mundo através de outras lentes. Mergulhei em meus medos – que muitos deles ainda tenho guardados dentro de mim –, sonhos e esperanças. Aprendi, também, que a maturidade não é questão de perfeição, mas de abraçar nossas possíveis e inúmeras imperfeições.

Espero que a gente possa se conectar de maneira profunda e significativa no desenrolar dessa leitura. Aqui tem um pouco de mim e muito de todas nós. Sucessos e tropeços, alegrias e tristezas, certezas e incertezas.

Nossas histórias são únicas, são o reflexo de quem somos, de como chegamos até aqui e de como queremos viver nossas vidas daqui pra frente. Que sejam, então, repletas de sonhos e possibilidades.

Foi e continua sendo uma jornada de autodescoberta, resiliência, empatia e crescimento. Afinal de contas, todo mundo é jovem um dia, mas não são todos que têm a sorte de envelhecer.

Boa Leitura!

CAPÍTULO 1

será que estou ficando velha?

CAPÍTULO 1

Acredito que dentro de uma vida, vivemos várias vidas. E cada fase nos transforma em "diferentes" pessoas ao longo do tempo.

Sempre ouvi dizer que a escrita pode ser uma forma de terapia. A verdade é que nunca imaginei que pudesse escrever um livro como esse. Não sou escritora e a Síndrome da impostora sempre falou mais alto. Há alguns meses, minha amiga irmã lançou um lindo livro de poesias. Meu marido acaba de escrever o primeiro de muitos livros que ainda virão. Minha terapeuta, que eu adoro de paixão, várias vezes me instigou a escrever sobre meus sentimentos, especialmente quando tenho dificuldade em verbalizá-los. Percebi, escrevendo esse pequeno livro que, quanto mais escrevo, mais me familiarizo com as minhas emoções, aprendo mais sobre mim mesma, minhas necessidades e meus reais desejos. Como sou uma pessoa que gosta muito de falar e sente as emoções à flor da pele, a escrita me trouxe um maior controle sobre as palavras que uso.

O processo de tornar meus rascunhos num texto publicável, foi muito desafiador. Minha barra sempre foi muito alta pois, desde criança, meus pais me ensinaram que a leitura era a melhor maneira de adquirir cultura e conhecimento. Mais tarde, tive a oportunidade de trabalhar lado a lado e conhecer os meandros da mente de quem, para mim, é o escritor mais brilhante e criativo de nosso país – quiçá do mundo –, meu querido amigo Washington Olivetto. Por termos em comum a paixão pelos livros, me apresentou grandes obras dos maiores autores e, também, dos gêneros mais variados. Muita inspiração que, com certeza, influenciou minha maneira de ver a vida e que agora resolvi colocar no papel.

Assim, para acertar a mão na linguagem das minhas mensagens, reli alguns livros de autoras com quem me identifico, tanto em valores, quanto em estilo, dentre eles: “Trinta e oito e meio”, da Maria Ribeiro, “Carta para alguém bem perto”, da Fernanda Young e “Mulher sem Script”, da Psicóloga e amiga Natércia Tiba, a Tiça.

Um pouco de tudo isso me inspirou a compartilhar com vocês meus pensamentos, medos, inseguranças e alegrias da vida. E se isso servir de acalento ao menos para uma pessoa, já valeu a pena.

A verdade é que não sei se estou ficando velha ou sábia.

O fato é que muitas das coisas que tinham importância para mim, hoje já não têm mais.

Estou mais preguiçosa. Mas, é uma preguiça diferente. Preguiça de gente chata, de gente complicada, de gente egoísta. Preguiça de filmes ruins. Hoje quero me curtir, me cuidar, cantar na cozinha e dançar no chuveiro.

Alguns dizem que estou chata. Mas a verdade é que cada vez mais a opinião alheia me preocupa menos. Evito lugares e pessoas que, de alguma maneira, tiram a minha paz. E cada vez mais tenho me sentido menos culpada por isso. Sim, antigamente me sentia mal de não ir a lugares onde era convidada e que, por algum motivo pessoal, preferia não ir. Muitas vezes fui, mesmo sem vontade. Hoje me permito mais, respeito os meus desejos e sei que mesmo aquela amiga que gostaria muito da minha companhia "naquela" festa, se realmente me considera, também vai respeitar a minha paz. E está bem, está tudo bem.

Eu sou assim. Sou intensa. Eu me emociono. Sou um tantinho dramática. Eu vibro. Eu choro. Sou sentimento, apego, carinho. Sou canceriana!

Eu nem sempre sou. Às vezes estou... e outras vezes... não tô nem aí. Sou só eu mesma a todo instante.

Há algum tempo me pergunto: Como quero envelhecer?

O tempo pode ser mais longo ou mais curto, mas aprendi que o que vale é desfrutar a jornada. O que vale é o hoje. O ontem já foi e o amanhã ninguém sabe se, e como será.

Quero saúde e disposição, quero lucidez para experimentar novas sensações, conhecer novos lugares e novas pessoas.

Quero ter menos pressa, mais paciência e tolerância. Quero longas conversas. Quero a família e amigos por perto. Quero leveza e uma vida feliz.

Mas como se comportar sendo uma mulher de cinquenta?

Seguimos um padrão, ou criamos nossas próprias regras?

Cada uma tem sua resposta, mas tenha cuidado para viver da forma que realmente se sinta plena. Quero ter a liberdade de deixar meu cabelo crescer, pintar de qualquer cor, raspá-lo ou mesmo deixá-lo grisalho. Quero um guarda-roupa com vestidos curtos e longos, calças justas e largas, shorts e bermudas, biquinis e maiôs, sandálias rasteiras e saltos altos. E tênis com jeans, pois sem os dois eu não vivo.

Somos muitas. Somos diversas. E cada uma de nós deve viver de acordo com o que lhe faz feliz.

Tem dias que me sinto muito jovial, irradiando energia e vivo intensamente. Em outros me sinto mais cansada, sem ânimo algum, cheia de anseios e dúvidas. A verdade é que sou um pouco de tudo, pois, assim como o tempo, vou me transformando diariamente. Parafraseando Raul, sou uma metamorfose ambulante. Já não tenho as mesmas certezas de antes. A novidade é que já não faço mais questão de agradar. Entrei no processo de dizer NÃO, sem precisar me justificar por isso. Percebi que falar NÃO em certos momentos é saudável, uma linda forma de dizer SIM aos nossos próprios limites.

Esse processo tem me ensinado que o NÃO, não tem a ver com falta de amor. Que eu preciso respeitar minhas vontades e que somente eu posso saber se algo me faz bem ou mal. De novo, esse não é um processo simples. É um processo de autoconhecimento e autodescobrimento. Eu, particularmente, trabalho esse processo em análises e conversas com pessoas que me inspiram e sempre têm algo a acrescentar na minha vida. Uma novidade para mim também.

Muitas vezes, no meio desse colapso, me pergunto se estou enlouquecendo. Me sinto estranha. Mas nada de panicar, muito menos apavorar. Estou apenas passando por um processo de crescimento que, vez ou outra, dói pra caramba! E vamos nessa porque tudo passa e o que não passa, o tempo acalma.

A verdade é que a vida é repleta de momentos intensos, emoções avassaladoras e desafios que, muitas vezes, nos fazem questionar a nossa capacidade de enfrentá-los e é nesse momento que descobrimos o quão forte somos. Quantas vezes comecei a minha sessão de terapia me sentindo frágil e incapaz, mas ao estruturar os meus pensamentos e sentimentos, me peguei forte, confiante, empoderada e realmente orgulhosa de mim?!

Na vida, a gente passa por poucas e boas. Sou uma imigrante, morando nos Estados Unidos há mais de 10 anos. Como qualquer outro ser humano, sempre senti a necessidade de "socializar". Acredito que estar cercada por pessoas bacanas se torna essencial para o nosso bem-estar emocional. Para mim, essa mudança radical foi uma experiência desafiadora. Havia uma imensa barreira linguística e cultural. Inúmeras vezes achei que não iria "dar conta do recado". Mas continuei firme e forte e quando iniciava uma conversa com algum "gringo", sempre pedia desculpas pelo meu inglês falho. Eles davam risada e me tranquilizavam, dizendo que eu estava no lucro pois, o português deles era absolutamente nulo. Entrei de cabeça e hoje tenho um círculo de amigos e conhecidos de todos os lugares deste mundo, o que traz uma grande riqueza cultural para minha vida.

Conhecer novas pessoas, saber das suas histórias e descobrir que todos estamos no mesmo barco, que todos temos ansiedades, medos e angústias, independentemente de nacionalidade ou origem, me deixa centrada. Fico otimista, acreditando que todos podemos ser felizes, pois, como ouvi um dia desses, "a vida é muito curta para ser pequena". Precisamos parar de nos apequenar com coisas fúteis. A dor passa, a saudade acalma, a decepção ensina, o amor renasce. Precisamos aproveitar, ao máximo, o tempo que temos e buscar experiências significativas e enriquecedoras. Ir atrás dos nossos sonhos e inspirar outras pessoas a irem atrás dos seus também.

Mas, e a pergunta que não quer calar: Será que estou ficando velha?

Aprendi que a idade é apenas um número. Quero abraçar o mundo e as oportunidades. Quero me sentir bonita. Realçar tudo aquilo que me faz única e especial. Aceitar minhas falhas e imperfeições. Quero ter mais coragem para enfrentar meus monstros e assumir minhas vulnerabilidades. Quero lutar contra meus medos. Quero renovar meus sonhos e valorizar os instantes. Quero explorar novos interesses e me aventurar em novas experiências. Quero leveza na alma e seguir o meu caminho com harmonia. Quero amar. Quero viver!

Acredito que dentro de uma vida, vivemos várias

vidas. E cada fase nos transforma em "diferentes" pessoas ao longo do tempo.

A infância, cheia de sonhos e descobertas que parecem infinitas.

A adolescência, quando vivemos com intensidade a busca por nossa identidade, com paixões ardentes e a sensação de que somos invencíveis. Mal nos damos conta de que estamos começando a aprender.

A maturidade, cheia de desafios, responsabilidades e reviravoltas, nos ensinando que há beleza nas imperfeições e que a arte mais requintada surge, muitas vezes, do inesperado e do não planejado.

Respondendo à minha própria pergunta: Não. Não estou e não me sinto velha. Sou hoje, a versão mais jovem do meu amanhã. Acho que é por isso que, a cada aniversário, meu filho continua me parabenizando pelos meus vinte e seis aninhos.

Cada vida, dentro da vida, nos faz quem somos. Uma coleção de todas as vidas que vivemos ao longo do tempo. Todas as vidas em apenas uma vida!

Então celebremos a vida! Porque celebrar é viver!

CAPÍTULO 2

amadurecimento – loucuras e devaneios

CAPÍTULO 2

Tenho vivido uma montanha-russa de emoções e experiências. Percebi que não sou única, tampouco "louca".

Estamos vivendo uma nova era. A internet e as redes sociais ampliaram a capacidade de nos comunicarmos de uma forma "diferente". É informação que não acaba mais. Gurus, influencers, life coaches, pensadores, futuristas, conselheiros de plantão, todo mundo tentando se adaptar à loucura dos tempos modernos e dividir com o mundo seus anseios, questionamentos, dúvidas, medos e suas pérolas de sabedoria.

E os temas, então? Muita coisa que nos agrada e interessa, e uma avalanche de informações que só servem mesmo para nos tirar do prumo. E nosso papel nisso tudo? Em nome da nossa sanidade mental, precisamos saber diferenciar o que nos faz bem do que simplesmente não faz sentido. Saber separar o joio do trigo.

Sempre fui uma leitora de carteirinha, devoro tudo que aparece na minha frente. Dos assuntos mais triviais, aos temas mais densos. Gosto de romance e gosto de suspense. Assisto a documentários, ouço podcasts, sou viciada em séries, me amarro numa novela, mas recentemente, o tal do algoritmo tem me inundado de matérias e links sobre o amadurecer e a menopausa. O malandro deve estar mesmo me ouvindo, pois, vivo hoje no auge dos meus cinquenta e poucos.

Tenho vivido uma montanha-russa de emoções e experiências. Percebi que não sou única, tampouco "louca".

Primeiro, são os fogachos: você passa de um picolé no ártico, à uma tocha humana em questão de segundos. Quantas vezes, em plena madrugada, você já se pegou com a cabeça enfiada na geladeira? E aí você volta pra cama, já recomposta daquela situação, e puxa o cobertor até o pescoço? Simplesmente porque bateu um frio danado...

E, falando em calores, descobri dia desses, um salvador da pátria! Um mini ventilador de mão. Ele passa o dia comigo. Secamos o cabelo, cozinhamos, trabalhamos, vamos à praia, passeamos com os cachorros e até dormimos juntos! Pois tem dia que nem o ar condicionado dá conta!

Tem também as mudanças de humor. Eu vou dos oito aos oitenta em dois segundos... e volto pros oito em mais dois! Sou capaz de rir e chorar ao mesmo tempo. São os hormônios tomando conta da minha vida e dizendo que quem manda nela não sou eu!

Claro que não podemos deixar de lado a insônia! Ela é uma grande protagonista nesse espetáculo todo. Insônia e menopausa: uma dupla dinâmica! A gente deita na cama, ansiosa por uma boa noite de sono, mas o nosso cérebro parece ter outros planos. Ele fica acordado, tagarelando sobre todos os nossos pensamentos e preocupações, enquanto olhamos para o relógio, de hora em hora, desesperadas com o momento em que o despertador vai tocar. Meu único desejo? Noites mais tranquilas, por favor!

Existe ainda a batalha contra a balança. Ah, a balança! Você olha para um pedaço de bolo e, antes mesmo de comer, já ganha uns dois quilos, no mínimo. É como se o nosso metabolismo estivesse tirando umas férias prolongadas...

E, por fim, vem o esquecimento...

Bom, o esquecimento é a cereja do bolo! Você entra em um quarto e esquece o motivo de estar lá. Você estava contando uma história e, de repente, perde o fio da meada. Mas não se preocupe, isso é apenas seu cérebro fazendo uma pausa para se refrescar.

Só nesta semana eu mesma já perdi meus óculos duas vezes e ambas as vezes, eles estavam no mesmo lugar! Na minha cabeça...

Mas, apesar de todas essas maluquices, a menopausa também tem seu lado "bom". É um momento em que você pode abraçar sua sabedoria e experiência, e rir de si mesma. Afinal, você sobreviveu a tantas reviravoltas ao longo da vida, e a menopausa é apenas mais uma!

Nada como um bom papo com outras mulheres para desmistificar essa tal menopausa. É uma conexão simples e adorável que nos lembra que estamos todas juntas, navegando pela bela e, às vezes, desconcertante jornada da feminilidade. Então, vamos continuar conversando, compartilhando e apoiando umas às outras nesta fase tão especial da vida.

Esse é o momento de darmos a nossa voz. Sem medo, nem vergonha. Hoje já não somos mais invisíveis. Somos mulheres que merecem ser reconhecidas e compreendidas. Nossas histórias importam. Que a gente tire proveito das nossas vozes para nos empoderarmos, educar e inspirar outras mulheres, pois juntas, nossa força é infinitamente maior.

Amadurecer é um privilégio. Bem-vinda à vida que começa aos...

CAPÍTULO 3

os desafios da maturidade

Quebremos antigos tabus. Nossa vida não acabou e nem somos descartáveis.

A maturidade é um enigma, mas se bem decifrada, pode se tornar uma das fases mais gratificantes da vida. Mesmo exigindo que a gente lute contra nossos fantasmas internos mais aterrorizantes, ela nos oferece oportunidades de crescimento pessoal e sabedoria para desfrutar a vida.

As experiências da maturidade nas mulheres são diversas e podem variar muito de mulher pra mulher. Equilibrar a expectativa relacionada ao seu papel de mãe, esposa e profissional é um desafio. Mas ao mesmo tempo, como diz Lya Luft, "a maturidade nos permite olhar o mundo com menos ilusões, aceitar com menos sofrimento, entender com mais tranquilidade e querer com mais doçura".

Entender que não temos domínio do futuro. Que, por mais que a gente planeje, a vida pode tomar um rumo completamente diferente. Tudo, absolutamente tudo nos nossos entornos vai mudando, ou apenas se ajustando à nova realidade.

Os relacionamentos podem passar por mudanças significativas, tanto com nossos parceiros, quanto com nossos filhos. A saúde se torna uma "preocupação" ainda maior. A maioria de nós, imagino eu, está em busca de um estilo de vida saudável, o que para muitas pode ser um grande tormento. Umas optam por parar de trabalhar, outras por mudar de carreira e outras até se aposentam. A maturidade, muitas vezes, traz a perda de pessoas queridas e lidar com essa dor também é um desafio emocional.

A verdade é que a maturidade é uma jornada repleta de descobertas, na qual temos a chance de aprender em cada momento, com cada experiência e cada relacionamento da forma mais profunda e autêntica. É também uma chance para que possamos nos libertar das pressões da juventude e abraçar a confiança e a serenidade.

Ressignificamos o conceito de felicidade. Não dá para sermos felizes 24 horas por dia e isso não significa que somos infelizes. Problemas não significam que nossa vida seja infeliz.

Nos tornamos mais pacientes e tolerantes com

nós mesmas, aprendendo a nos desculpar quando erramos, criando oportunidades para o recomeço.

Viramos camaleoas. Somos de todas as formas, cores, tamanhos e culturas. Temos uma incrível capacidade de compreender e nos conectar emocionalmente com os outros. Somos cuidadoras e provedoras de amor. Somos companheiras, e o mais importante, somos inspiradoras. E essa combinação de tantos aspectos maravilhosos é que nos torna especiais.

Não há um caminho único ou obrigatório para a maturidade. Devemos ser livres para fazer escolhas que nos façam felizes e estejam alinhadas com nossos valores, aspirações e desejos pessoais. Sem pressões externas, ou expectativas sociais infundadas. Cada uma de nós tem seu próprio ritmo de envelhecimento. Não podemos e não devemos atender a padrões de beleza irreais. Quero não me envergonhar das minhas rugas, ou então, fazer algum procedimento estético para diminuí-las. Quero me sentir sexy caminhando pela vida, com mais ou menos curvas. Quero ser feliz o máximo que puder, pois o tempo à frente não é infinito. Quero me permitir sonhar com uma vida "maior". Seguir o que desperta a minha curiosidade e fazer mais daquilo que me faz feliz!

Receita milagrosa não existe, mas aprender e aceitar as mudanças corporais e emocionais é um passo importante para encontrarmos força em nossa vulnerabilidade. A maturidade não é o fim, mas pode ser, sim, uma nova estação em nossas vidas. Uma jornada de autoaceitação e descobertas. Ela molda nossa evolução como mulher e nos dá a oportunidade de encontrar um novo começo, mesmo quando o sol começa a se pôr.

Há um laço que nos une nessa jornada – a compreensão mútua. Ao compartilharmos nossas experiências, tecemos um abraço invisível de apoio e empatia. É como se disséssemos: "Você não está sozinha, estou aqui para você". Compartilhar nossas histórias de superação e as estratégias que descobrimos para aliviar os sintomas, nos torna mais fortes, mais unidas. E por meio das nossas histórias, nos tornamos faróis de esperança para outras mulheres que estão navegando nesse mesmo mar desconhecido.

Recentemente estive em Nova York para um festival de inovação. Foram diversas palestras sobre como a Inteligência Artificial está influenciando a vida cotidiana. Falou-se do cinema, marketing, hotelaria, saúde e muita coisa bacana. Mas o que mais me deixou bem impressionada, foi como a voz feminina está desempenhando um papel tão importante nos dias atuais. Ela expressa, influencia e lidera em diversas áreas de nossas vidas.

As mulheres estão ocupando cargos de liderança em empresas e em governos, em todo o mundo. Elas estão na linha de frente de movimentos sociais e ativistas que lutam por justiça, igualdade e direitos humanos. Cada vez mais, as mulheres estão quebrando o teto de vidro, abrindo seus próprios negócios e ocupando posições de liderança nas empresas. Elas também têm se destacado em áreas como ciência, tecnologia, engenharia, matemática. E cada vez mais têm brilhado nas artes, música, literatura, cinema e em outras formas de expressão cultural. E o melhor de tudo, estamos nos unindo e nos empoderando mutuamente.

Quebremos antigos tabus. Nossa vida não acabou e nem somos descartáveis. A maturidade não é o Armagedon. A vida é sua para ser vivida da maneira que você escolher. Chega dessa história de que aos 30 devemos estar, aos 40 temos que ser e aos 50 precisamos... Chega!

Afinal de contas, existe apenas uma pessoa que vai passar ao seu lado cada segundo, cada minuto, cada dia. E essa pessoa é você. Ouvi, um dia desses, algo que tenho tentado aplicar diariamente na minha rotina. Tenho me abraçado e me beijado com muito carinho, tendo a oportunidade de fortalecer a conexão comigo mesma que, inúmeras vezes, imaginei que havia perdido. E descobri o quanto isso nutre a minha autoestima, pois eu mereço o meu próprio afeto e amor.

Que a gente possa fazer mais daquilo que gostamos, que possamos ouvir mais a nossa intuição e acreditar na nossa voz interior. Que a gente possa desaprender o que não acreditamos mais e aprender só pelo prazer de aprender. Que possamos fazer escolhas e viver enraizadas juntas ao nosso propósito.

Alguns dizem que os cinquenta são os novos 35. Para mim, os cinquenta são os novos cinquenta mesmo!

Como você está abrindo espaço para a sua nova versão se encaixar na sua vida hoje em dia? O que você não precisa mais? Talvez uma mentalidade ultrapassada? Verdades inventadas?

Vamos fazer um pacto! Vamos renovar nossos votos com a vida e celebrar nossa maturidade, e a cada ano, comemorar o nosso VIVERsário!

CAPÍTULO 4

seja sua melhor versão

"Tente sempre dançar um pouco melhor do que você mesmo."

Mikhail Baryshnikov

Muitos acham essa frase um jargão. Eu, particularmente, a tenho como um lembrete diário na minha jornada, buscando constantemente ser uma mulher mais realizada e significativa. Ser a minha melhor versão.

Mas esse não é um exercício fácil. Assim como tudo na vida, precisamos nos esforçar e dar o melhor de nós mesmas. Para mim, entender quais são as nossas paixões e nossos valores, é o primeiro passo para nos tornarmos a nossa melhor versão. A partir daí precisamos ser persistentes, pois é a resiliência que, de verdade, separa as pessoas que alcançam o sucesso, das que se afogam nas adversidades.

Nada disso é fácil. Eu mesma já desisti de inúmeros projetos por medo, outras vezes por preguiça e ainda por não me achar suficientemente capaz. Mas ninguém é perfeito. E está tudo bem. Cometemos erros e somos imperfeitos.

Há alguns anos, quando meus filhos eram pequenos, ouvi uma linda frase de um grande amigo, quando lhe contei as minhas ansiedades sobre os desafios de ser uma boa mãe. Dividia meu tempo entre o trabalho, meus exercícios físicos (que até hoje são a minha melhor ferramenta contra o stress) e minha família. Tinha dias que achava que estava tudo errado, que precisava ser uma mãe "diferente". E então ele me disse: "Você é a melhor mãe que você pode ser no momento". Tento me lembrar disso todas as vezes que ainda sinto que poderia ser uma "melhor alguma coisa".

Algo perfeito não pode ser aperfeiçoado, perde a sua serventia e a razão de sua própria existência. Imagine um mundo perfeito, que tédio seria! Não toque em nada, não questione nada, não mude absolutamente nada...

Deixemos que a vida nos intrigue. Que nos encante. Que nos surpreenda.

Celebremos nossas emoções. Elas não são algo para nos envergonharmos. Muito pelo contrário, são uma parte natural de quem somos. Sentir e nos conectarmos com nossos corações é o que nos diferencia.

Qual o problema de sermos emotivas?

Quantas vezes fui vista como frágil pela minha forte sensibilidade... Hoje, eu abraço as minhas emoções de braços abertos, pois elas são o reflexo de quem sou!

Muitas vezes, na correria do dia a dia, esquecemos de apreciar os pequenos momentos de beleza, alegria e surpresa que estão à nossa volta. E isso também não é uma tarefa simples, pois, na maioria das vezes, acabamos sendo consumidos por uma rotina insana de trabalho, filhos e afazeres domésticos.

Outro dia li algo que me fez rir, mas que é a pura realidade.

08h30: Amiga, tá podendo falar?

23h00: Sim amiga, pode falar!

Se a gente se esforçar um pouquinho todos os dias, tenho certeza que nos permitiremos apreciar mais plenamente o presente e poderemos cultivar um senso de gratidão pela vida e pelas pessoas ao nosso redor.

Então, o meu desejo é que a gente possa explorar novos lugares, novas culturas, novos hobbies e novas experiências. Passar mais tempo ao ar livre. Que a gente valorize os sorrisos, o riso e a alegria. Que a gente tenha mais humor. Que nós possamos recomeçar inúmeras vezes. Que a gente não tenha medo de mudar. Mudar a roupa, mudar o cabelo, o namorado, o trabalho. Que a gente se permita desejar.

Sabe aquela expressão do "copo meio cheio, meio vazio" para distinguirmos as pessoas otimistas das pessimistas? Se você vê o copo meio cheio, é sinal que você foca nos aspectos positivos da vida. Se você vê o copo meio vazio, é sinal que você foca nos fatores negativos da vida. Nós não deveríamos apenas ver se o copo está meio cheio ou meio vazio, mas sim, pensar na possibilidade de ele ser enchido. E por que não, depois tomar uma champagne pra comemorar?

Na minha trajetória profissional, muitas vezes achei que não teria condições de encher o meu copo novamente. Sou formada em Odontologia. Exerci minha profissão por 7 anos, trabalhando em consultório particular e concluindo a residência no Hospital das Clínicas, onde acabei me envolvendo no tratamento de crianças com necessidades especiais. Acredito que, quando trabalhamos com algo que nos satisfaz, já é meio caminho andado. A Odontologia nunca foi uma grande paixão, foi uma fase muito complicada pra mim, pois eu não sabia exatamente qual caminho seguir. Naquela época, eu chegava em casa exausta após o trabalho e meu marido, todas as noites, me dava aulas de marketing e business.

Acabei arrumando um estágio numa agência de publicidade, a W/Brasil, (onde tive o prazer e a sorte de conhecer meu maior ídolo, Washington Olivetto, sobre quem não economizo elogios, como perceberam na Introdução deste livro. E de lá criei coragem para empreender. Montei "As Duas", uma agência de Eventos que foi um sucesso por 11 anos. Por razões pessoais, acabei me mudando para os Estados Unidos, onde moro até hoje. E aí foi uma mistura "de copo meio cheio e meio vazio". Resolvi empreender novamente e montei uma loja "pop up" de roupas e acessórios. Depois veio a segunda loja e o que era para durar um ano, acabou durando três. Então, veio a Pandemia.

E agora? Claro que o meu lado pessimista via o copo meio vazio, mas consegui enchê-lo novamente. Resolvi unir o "retail" com meu background de eventos e hoje promovo eventos bacanas de moda e experience. Hoje vivo essa crença de que olhando o copo cheio, consigo entender que todos os meus feitos me tornaram a mulher e professional que sou hoje. Competente e trabalhadora. Tive muitos momentos de copo vazio, mas tive a sorte de ter uma família linda e amigos que sempre me "engrandeceram", que me ajudaram a encher o copo.

Gosto de dizer que somos muitos Eus. Tenho em mim esse EU mais autocrítico no campo profissional, já em outras questões, sou mais confiante e destemida. Faço trapézio voador, lira, acroyoga, já saltei de paraquedas, corri uma meia maratona quase sem treinamento adequado, pratico escalada, rodei o Grand Canyon de bike... Adrenalina não tem idade e nem contraindicação.

E aqui estou hoje, escrevendo um novo capítulo da minha vida. Cheia de medos e ansiedades, mas cheia de coragem. Me concentrando no presente e trabalhando por um futuro melhor. E quando olhamos para o futuro, somos capazes de ver as coisas como um todo e em movimento. As possibilidades que se abrem diante de nós são infinitas.

A vida é movimento. Há momentos em que tudo parece acontecer, há outros de muito marasmo, onde nada vai pra frente. Esses momentos, especificamente, me angustiam muito. Por mais que eu tenha o meu lado "zen", tenho uma mente inquietante que me instiga a querer fazer alguma coisa o tempo todo. Tenho trabalhado muito isso em mim. Deixar a vida me levar um pouco, sem tanto planejamento. E não é que oportunidades acontecem?

A vida é uma coleção de instantes fugazes, e se estivermos constantemente preocupados com o passado, ou com o futuro, corremos o risco de perder a magia do presente e dos momentos que realmente importam.

Vamos fazer um pacto! Deixemos os incômodos de ontem e as preocupações com o amanhã. Que possamos aproveitar o agora e nos permitir estarmos plenamente presentes, apreciando todos os momentos que estão diante da gente.

Precisamos aceitar que nem tudo podemos

controlar, por isso não podemos desistir dos nossos sonhos, mesmo aqueles que a vida insiste em nos fazer desacreditar.

Sabe aquela história de que a grama do vizinho é sempre mais verde? Nos dias de hoje, com as redes sociais, essa percepção vem se tornando ainda maior. Precisamos nos focar em nós mesmos. Celebrar cada conquista e acreditar que conquistamos um pouco todos os dias. Não falo apenas de conquistas em relação à vida profissional, mas em tudo que faça parte da nossa rotina. Eu, por exemplo, dias atrás celebrei fazer uma viagem por sete dias, conseguindo levar apenas uma mala de mão! Processo longo. Acho que demorou umas três horas. Foi um coloca e tira, coloca e tira, mas foi! Quanto avanço...

E por que não celebrarmos todos esses pequenos avanços?

Hoje, celebro a coragem de abraçar a mudança. Cada passo é uma vitória e cada desafio superado, uma conquista.

Façamos o que desejarmos fazer. Seja o que for que nos fascine. Não deixemos de fazer absolutamente nada, pensando na opinião dos outros. Dizem que a vida é muito curta e que passa muito rápido. É essa brevidade que a torna preciosa onde, a cada dia, temos a oportunidade de viver plenamente e deixar uma marca positiva no mundo ao nosso redor.

Por isso, SEJA! Seja o que quiser, mas seja por você! Ame e ame-se por inteira. Viva unicamente no presente. Faça o melhor que puder e se reconstrua quantas vezes forem necessárias.

Sinta forte.

Abrace muito.

Beije muito mais.

Ame exageradamente.

Cante no chuveiro.

Dance na cozinha.

Sonhe alto.

Se declare sempre.

Divirta-se de verdade.

E viva como se não houvesse amanhã.

Termino este capítulo com uma frase atribuída ao lendário bailarino Mikhail Baryshnikov: "Tente sempre dançar um pouco melhor do que você mesmo". Um lembrete poderoso de que, na vida, há sempre mais espaço para melhorar e ser feliz, e que a jornada de autodescoberta e aperfeiçoamento é infinita.

CAPÍTULO 5

tempo

Que a gente tenha tempo suficiente na vida para desacelerar nossos passos, para contemplar o presente, para errar e aprender, e para recomeçar, quantas vezes forem necessárias.

Não me lembro do mundo ser assim tão barulhento. Um mundo onde as pessoas são movidas à pressa, tratando o tempo como o mais terrível dos adversários. Um turbilhão de vozes e ruídos que se perdem no meio de tanto tumulto. Passos apressados e uma corrida interminável contra o tempo.

Ele está logo ali... Tempo de acordar, tempo de trabalhar, tempo de se divertir, tempo de educar, tempo de amar e ainda tempo para ter tempo. Muito tempo para tão pouco tempo. E mesmo assim, ainda precisamos achar um tempo no meio de todo esse tempo.

Olhar com mais carinho para o nosso passado e não querer mudar nada, ou simplesmente, tudo. Entender que nossas escolhas não são de mais ninguém. Estarmos de bem com nosso presente e continuar "sonhando" com um futuro melhor.

Como canta Gilberto Gil:

"Tempo rei, ó tempo rei, ó tempo rei

Transformai as velhas formas do viver

Ensinai-me, ó, pai, o que eu ainda não sei..."

O tempo tem me ensinado muito sobre o tempo. Ele é espera. Nos traz a consciência de uma natureza passageira. Um reconhecimento de que muitas portas podem se fechar, mas, consequentemente, muitas também irão se abrir. E a verdadeira beleza está na aceitação, na celebração de cada momento que vivemos.

O tempo complica as pessoas, ou será que as pessoas se complicam com o tempo? Viver o aqui e agora é um baita desafio. Num mundo tão acelerado, com o peso das memórias e a incerteza do futuro, é compreensível que tenhamos dificuldade de nos manter no presente, embora seja exatamente aqui e agora que a vida acontece.

Talvez a vida seja assim mesmo. Um exercício diário. Uma jornada que requer plena atenção aos nossos sentimentos e pensamentos.

Quando foi a última vez que você fez algo pela primeira vez?

Para mim, está sendo agora, neste exato momento em que estou escrevendo as páginas de algo que ainda não sei bem o que será. E por que não ir um pouco mais além? Você já parou para pensar como simples atitudes podem mudar a vida de uma pessoa ao nosso redor? Quando foi a última vez que você arrumou tempo para conversar com o porteiro do seu prédio sobre a família dele, ou a vida dele, ao invés de pedir ajuda, ou reclamar de algo que não vai bem no seu apartamento? Quando foi a última vez que você puxou um papo com um vizinho no elevador, ao invés de olhar pro chão, ou manter o olhar fixo no celular?

Outro dia me aconteceu algo muito especial. Eu estava passeando com os meus cachorros, como faço todos os dias, independentemente do clima. Quando estava passando pelo ponto de ônibus, um senhor, que vejo todos os dias sentado no mesmo banco à espera do transporte, me perguntou: "Quanto tempo! Onde você esteve esses dias que não a vi passar por aqui? Está tudo bem?". É claro que a pergunta me pegou de surpresa, mas foi algo tão puro e espontâneo, que despertou em mim um novo olhar sobre a beleza dos pequenos detalhes da vida e me fez repensar a forma como interagir com tudo e todos que cruzam o meu destino.

Será por falta de oportunidade, simplesmente porque a rotina é tão previsível, que parece não haver tempo de interagir? Está na hora de sairmos de nossos casulos pessoais e explorar o mundo real que está em nossas portas, cheio de surpresas e novas oportunidades. É essa jornada que torna a vida verdadeiramente cheia de propósito e faz o tempo valer a pena.

Que a gente tenha tempo suficiente na vida para desacelerar nossos passos, para contemplar o presente, para errar e aprender, e para recomeçar, quantas vezes forem necessárias.

Que a gente tenha tempo simplesmente para viver!

CAPÍTULO 6

simples prazeres

Frequentemente, nesse mundo louco em que vivemos, os pequenos detalhes passam despercebidos, ofuscados pelo stress e obrigações rotineiras. E se pararmos para pensar, o grande presente que a gente pode encontrar nesses pequenos detalhes é a tal felicidade.

Constantemente somos lembrados da importância de se valorizar as pequenas coisas da vida. Tive a sorte de ter meus avós muito presentes na minha infância e, observando como apreciavam cada momento, mesmo que simples e rotineiros, desenvolvi esse olhar singelo sobre a vida.

E, em meio a um turbilhão de memórias, algumas questões me vieram à tona. Tive uma infância feliz, cheia de amor, abraços, brincadeiras despreocupadas, ensinamentos e histórias contadas, assim como deveriam ser todas as infâncias. Adorava dormir na casa dos meus avós nos finais de semana, assistir filmes de bangue-bangue com meu avô e brincar na cozinha, enquanto minha avó cozinhava. Esse amor imensurável e todas as lindas recordações, me fazem ter a certeza de que sempre encontrarei um conforto em minhas memórias. Hoje percebo o imenso impacto dessa relação. Seus exemplos me inspiram a ser cada vez melhor e a encarar a vida de forma sempre otimista, apreciando cada segundo de minha existência.

Mas em qual ponto do nosso caminho a simplicidade se perde?

Frequentemente, nesse mundo louco em que vivemos, os pequenos detalhes passam despercebidos, ofuscados pelo stress e obrigações rotineiras. E se pararmos para pensar, o grande presente que a gente pode encontrar nesses pequenos detalhes é a tal felicidade.

Para muitos, a turbulência chega durante a transição da infância para a adolescência. Para outros, pode ser durante a vida adulta, quando nos deparamos com pressões sociais e profissionais que acompanham a sua independência. Os sortudos a enfrentam só na maturidade, quando encaram de frente a complexidade da própria existência.

Há alguns meses comecei a escrever todas as manhãs, sobre algo que me fizesse sentir grata. Quando comecei a escrever este capítulo do livro, decidi, então, falar sobre as pequenas coisas no dia a dia que me trazem alegria. E não é que essa lista se mostrou infindável? Vou dividir algumas dessas pequenas coisas com vocês, ao mesmo tempo em que os convido a fazerem o mesmo exercício.

Aprendi a ser mais gentil comigo mesma e me permitir desfrutar do tempo, sem culpa!

Desde que os meus filhos foram para a Universidade e se mudaram de Estado, vivo a Síndrome do ninho vazio. Não digo que foi extremamente difícil, tampouco fácil. Tem dias em que bate uma saudade de doer a alma e outros que me fazem valorizar o tempo. Passei a ter mais tempo para mim, para me cuidar e recarregar as energias. E aprendi a me sentir orgulhosa por ter criado filhos independentes.

Pode parecer um tanto bobo, mas encontrar a perfeita posição para dormir, também está na minha lista dos simples prazeres. Ultimamente, minha rotina na cama tem sido de contorcionismos. Viro para um lado, depois para o outro. Procuro o alinhamento certo do pescoço com a coluna. Ajusto as pernas e ouço meu marido reclamar, de tanto que me mexo. Então, quando encontro a tal posição, penso até em não respirar, para que nada saia do lugar!

Outro tópico essencial na minha lista é banheiro público. Eu não sei quanto a vocês, mas eu tenho um problema muito sério com eles. Odeio banheiros de avião, de aeroportos ou estabelecimentos comerciais. Eu só entro nesses banheiros se for caso de extrema emergência. Já passei cada apuro! Como amo o banheiro da minha casa!

E a alegria dos meus cachorros quando volto para casa? É uma excitação contagiante. Seus rabos abanando, seus latidos felizes e suas travessuras divertidas, expressam um amor incondicional. Esse é mais um daqueles momentos simples, mas profundos, que me lembram a beleza do vínculo humano-animal.

Estar cercada por pessoas que amo, está no topo da lista. Seja uma simples reunião, um bate-papo sincero, ou uma atividade divertida juntos, são experiências que enriquecem as nossas vidas e aprofundam nossas conexões. Sentir-se apoiado e compreendido por aqueles que amamos é inestimável.

E a sensação de alívio quando a gente finalmente lembra de algo que estava na ponta da língua, mas se esqueceu? É tão gratificante que tudo parece se encaixar novamente.

Poderia escrever uma lista interminável, como o cheiro da pipoca na sala de cinema, uma música que toca e nos remete a algum momento especial, a sensação de bem-estar após um exercício físico ou, até mesmo, um simples cochilo.

Esses são pequenos lembretes para que a gente possa, então, cultivar uma maior consciência e apreciação pelas pequenas alegrias e maravilhas que a vida nos oferece diariamente.

CAPÍTULO 7

minhas queridas amigas

CAPÍTULO 7

Amiga é cuidar e, ao mesmo tempo, ser cuidada. É pedir e é ouvir. É falar sobre as coisas não faladas. É acolher. É falar sobre o mesmo assunto centenas de vezes e ouvi-lo, outras centenas de vezes.

A nossa capacidade de sermos felizes está diretamente relacionada à qualidade dos nossos amigos. Daqueles que fazem bem à alma, que nos trazem paz e nos estimulam a sermos cada vez melhores. Por isso, resolvi escrever um capítulo somente sobre vocês, minhas amigas.

Amiga de infância, amiga irmã. Passeios na pracinha e danças de ballet. O primeiro namorado, a primeira transa. Amiga confidente. Amiga conselheira.

Os casamentos. Os filhos. Ela lá e eu cá. Infinitamente te amo. Não é à toa que temos dois anjos tatuados em nossos corpos.

Amiga da fila na escola. E juntas fomos, até nos formarmos. Uma não vivia sem a outra! Com ela aprendi a gargalhar até faltar o ar. Foi no seu ombro que chorei a morte do meu pai e foi a sua família que me acolheu com todo o carinho deste mundo. I love you.

Amiga de faculdade. Aí preciso colocar um "s" e tornar a palavra plural, pois vocês, minhas amigas, me nutrem de amor e positividade. Nos altos e baixos, perto ou longe, estamos sempre com os corações conectados.

Amigas tardias, aquelas que Miami me presenteou e agora não vivo sem.

Mas tem aquelas todas outras que fui conhecendo com o passar do tempo. Amiga do trabalho, a sócia que virou amiga, amiga de Club Med, amiga de trapézio que até me fez saltar de paraquedas, amigas de beach tennis que amo, dentro e fora das quadras.

Tem a amiga que ligo pra sorrir, tem a amiga que ligo pra chorar. Tem a amiga que pega uma ponte aérea São Paulo-Miami, porque sabe que estou muito precisada do seu abraço. Tem uma aí que ligo cinco vezes por dia, independentemente se rio ou se choro, pois, mesmo estando distante, ela transborda amor e boas energias. Tem aquela que eu morro de saudade. E tem aquela que a gente ama tomar um café. Tem também a amiga que a vida afastou, mas quando penso nela, meu coração se enche de amor. Tem a amiga da porta de escola, que, mesmo com os filhos adultos, liga só pra dizer "eu te amo".

Cada uma do seu jeito. Cada uma com sua história. Algumas muito similares à minha, outras nem tanto. E não é que a gente se entende? Seja para falar dos filhos, seja para falar dos maridos. Às vezes, algum assunto de trabalho ou simplesmente uma fofoquinha básica. Às vezes, pra decidir qual vestido usar na festa do final de semana. E outras pra gente marcar a viagem de "outubro". E aproveitando minha ida ao Brasil, vamos ao karaokê, à Mercearia do Conde, jogar beach tennis em vários lugares, quem sabe a um show do Fábio Jr. (sim, sou fã eterna)! Fazer um happy hour e jogar papo fora. Quem sabe, no meio do dia, tomar um cafezinho só pra dizer um "oi"! Haja agenda pra tudo isso...

Em outra semana, estava com uma outra amiga especial. Trinta anos mais velha do que eu. Com uma energia interminável e uma sabedoria esplêndida. Ela topa um café, mas prefere a praia. Ainda rola um jantar e, muito provavelmente, um "rooftop" depois. Carmen é única. Carmen é sol. Carmen brilha!

A amizade é um espaço seguro para sermos nós mesmas, sem máscaras, nem pretensões. Amiga é amiga. Amiga é amor. Um amor que flui naturalmente, nutrindo-se de respeito, carinho e compreensão. É uma via aberta. É um porto seguro. É uma troca que enriquece nossas vidas de maneiras inimagináveis.

Quando me mudei do Brasil para Miami, há mais de dez anos, uma das minhas grandes preocupações era como eu iria manter minhas amizades que ficaram por lá. Obrigada, mundo digital, com seu Instagram, Whatsapp, Facetime e dezenas destes... Hoje eu vou até elas e elas vêm até mim. Algumas diariamente, outras semanalmente. Tem as mensais, e tem também aquelas que passamos meses sem falar, mas quando conversamos, parece que foi ontem.

Aliás, hoje saí para almoçar com uma amiga que era somente conhecida e que, graças a Miami, se tornou amiga.

Amiga é cuidar e, ao mesmo tempo, ser cuidada. É pedir e é ouvir. É falar sobre as coisas não faladas. É acolher. É falar sobre o mesmo assunto centenas de vezes e ouvi-lo, outras centenas de vezes. É com quem dividimos nossos segredos. Podemos falar de tudo, ou até mesmo, de nada. Amiga é alguém para rir até do que não é tão engraçado.

Tem amiga que é calmaria. Outras, são pura energia. Amiga torce e vibra com as nossas conquistas. Amiga é abraço, é carinho, é amor.

Tem a mãe que é amor e a mãe de alma, que é

magia! Amor incondicional recebi de minha amada mãe Charlotte e carinho iluminado de outra mãe que a vida me deu, a encantada Lena. E não poderia deixar de mencionar a sogra Mi, que é tudo de bom e mais especial!

E o que dizer das cunhadas que são puro carinho?

A amizade é a melhor faceta do amor. É onde a gente finalmente pode provar a tolerância, a bondade e a gentileza que, por vezes, passamos anos buscando encontrar na imensidão de pessoas com quem temos a oportunidade de nos relacionar. Chegamos a ela de forma natural, sem grandes planos. Aos poucos, os que vão ficando, se tornam Amigos de verdade, Amigos com letra maiúscula, amigos que representam tudo para nós. Essa amizade verdadeira, nos premia com intimidade e a segurança dos relacionamentos sem o controle, a exclusividade e o mau humor.

E por falar em humor, quem já não se perguntou por que, quando estamos com nossas amigas, o humor parece fluir como uma fonte inesgotável de piadas e risadas, enquanto que, com nossos cônjuges, às vezes, parece que o bom humor tirou umas férias?

Claro que não estou dizendo que não podemos ser bem-humoradas com os nossos parceiros. Longe disso. Mas, com eles, fica mais difícil escaparmos da "vida real", dos problemas, da rotina e da nossa própria responsabilidade. Então, da próxima vez que você se pegar chorando de rir com suas amigas e apenas dando um sorriso para a sua cara metade, lembre-se de que é tudo parte da complexa, mas divertida equação do relacionamento humano.

Mas como a gente se escolhe? De onde vem esse ímã?

Escolher uma amiga é um processo delicado e cheio de significado. Nos leva a descobrir almas no meio deste mundo enlouquecido em que vivemos. Às vezes, o encontro é casual, um lampejo de química instantânea que nos deixa sem palavras. Olhares que se reconhecem, como se nos conhecêssemos de outras vidas. Outras vezes, é um relacionamento que se desenvolve gradualmente, como uma semente que germina e floresce com o tempo.

A escolha de uma amiga é um ato de intuição e confiança. É uma troca de energia. É se sentir bem onde está. A gente vai se experimentando, se identificando. É naturalidade. É afinidade. É a capacidade de perceber uma centelha de familiaridade nos olhos de outra pessoa, como se já nos conhecêssemos há séculos.

Quando a gente se encontra, a gente imediatamente se sente segura, é um sentimento inexplicável. É fácil. Ela nos diz o que precisamos ouvir, não necessariamente o que queremos ouvir. Mas de um jeito leve, tipo: "Eu te amo e só quero o melhor pra você".

Na maturidade, quando a vida nos presenteia

com tantos desafios e mudanças, as amizades femininas se revelam como pilares de força. São as amigas que conhecem nossas jornadas pessoais, que testemunham nossa evolução e que abraçam nossas cicatrizes com ternura. Com elas, escrevemos histórias que se tornam parte da nossa identidade. São cúmplices em aventuras, confidentes dos nossos segredos e testemunhas das nossas transformações.

O poder da nossa amizade é transformador. É a amiga que lembra do nosso valor quando estamos num dia "down", são os bate-papos noturnos, o ombro enxarcado de lágrimas e as risadas contagiantes. Como mulheres, estamos conectadas por uma compreensão tácita, nossas histórias merecem ser compartilhadas e juntas, temos a chance de deixar nossa jornada ainda mais bonita, divertida e significativa.

E a alegria que sinto quando estou viajando com elas... (nesse exato momento, em Jericoacoara).

Há alguns anos, minhas queridas amigas de faculdade e eu, chegamos à conclusão de que "precisávamos" viajar uma vez por ano. Pra qualquer lugar do mundo, contanto que fôssemos juntas! Um grupo de quatro, que cresceu para seis, depois para sete... Aceitamos a amiga da amiga, que se tornou muito amiga! Não é fácil juntarmos todas. Umas moram em São Paulo, outra em Porto Alegre, tem em Portugal e ainda Miami... Por isso temos que planejar a viagem com muita antecedência, o que acaba sendo delicioso, pois nosso entusiasmo vai a mil, cheias de expectativas, sonhos e planos. Passamos meses estudando destinos, hotéis, atividades, restaurantes e até o que vamos levar nas malas! Acreditem se quiserem, é um caos perfeitamente controlado e delicioso. Não fica faltando nada, pois uma sempre tem um adaptador, a outra leva um secador de cabelos, um livro extra, mesmo sabendo que não vamos ter tempo para ler, ou até mesmo um notebook, porque alguém esqueceu que ia precisar trabalhar um pouco... E a beleza disso tudo é que, muitas vezes, nada sai como planejado e acaba ficando ainda melhor!

Nossas conexões que já são profundas, se tornam ainda maiores. Uma levantando o ânimo da outra, nos amando e nos apoiando. São fotos que não acabam mais. Às vezes, dez fotos do mesmo assunto, para que fique perfeita, pois é óbvio que uma amiga sabe que nunca se pode tirar uma foto no ângulo errado. Conversas intermináveis e gargalhadas sem fim, onde nossa única obrigação é nos divertirmos.

Hoje já não somos mais tão despreocupadas como éramos antes. No entanto, somos donas das nossas próprias vidas, somos mais autênticas e que nos perdoem os que não concordam, somos muito mais “bonitas”. Hoje somos mais conectadas umas às outras. Valorizamos cada instante, cada sorriso e todo nosso amor. Somos o que somos, sem resistir ao que sentimos e como sentimos. Respeitamos nossas individualidades e ponto.

Por isso, minhas queridas amigas, que a gente continue abraçando esses momentos com nossos corações e braços abertos. Que a gente possa valorizar cada momento e saborear todas as histórias que nos trouxeram até aqui. Juntas somos imbatíveis. E bóra, programar a próxima viagem.

Acho que à medida que amadurecemos, nossas amizades assumem uma importância ainda maior. Nós já passamos por muitos altos e baixos, alegrias e frustrações, compartilhamos momentos de vitória e momentos de perda. Hoje, entendemos melhor a importância de simplesmente ouvirmos umas às outras, com mais calma e sabedoria.

Além disso, essas amizades podem ser um exemplo poderoso para as gerações mais novas. É realmente maravilhoso quando percebemos que nossos filhos se orgulham das nossas amizades. Isso reflete, não apenas o carinho e o respeito que compartilhamos, mas também o exemplo valioso que estamos dando para eles, sobre como construir relações saudáveis e duradouras.

Então, celebremos nossas escolhas e nossas amizades. Pois, são elas que tornam a nossa jornada mais rica, mais colorida e mais significativa.

CAPÍTULO 8

é amor ou é magia?

Magia é amor! E amor é magia!
É uma força que nos faz sentir vivos.
É a promessa de algo especial.

O que é o amor?

Um verbo?

Um nome?

Um fenômeno universal?

Um ideal?

Um sentimento?

Amor romântico, amor familiar, amizade, amor próprio, amor platônico, amor espiritual...

O amor nos faz vivos, inspirados e conectados uns aos outros. O amor é um abraço, um olhar apaixonado, mãos entrelaçadas. Uma sensação de conforto. Amor é construção, cumplicidade. Amor é ternura.

Amor é escolha. O amor nos impulsiona a fazer o bem, a ser gentis e a construir um mundo melhor.

Então por que não amar?

E a magia?

Magia é sonho.

Magia é vida.

Magia a gente não explica. Mas magia é de verdade, simplesmente porque a gente sente.

Magia é amor! E amor é magia! É uma força que nos faz sentir vivos. É a promessa de algo especial. Pode ser o encontro de almas ou a brisa do mar. É o amor que nos faz sorrir nos dias mais cinzentos e que nos dá forças para superar desafios e mergulhar nessa nossa jornada que se chama vida.

Que a magia do amor, então, nos traga mais doçura, mais paixão e mais beleza.

Nos dias atuais, onde vemos tanto ódio, tanta maldade, tantas guerras, tanta polarização de ideias, o amor é a única linguagem que faz a diferença. Cada ato de bondade, de compreensão e compaixão contribui para um mundo mais amoroso e pacífico.

Falamos de beleza, doçura, magia, mas a verdade é que seria muito bom se tivéssemos a oportunidade de reaprender a amar. Amar não é carência. Amar não é sentir medo. E para amarmos alguém devemos nos amar em primeiro lugar. Isso deveria ser uma constante em nossas vidas.

As casadas, as solteiras. As divorciadas ou as que não estão nem lá, nem cá. Com filhos, sem filhos. Não importa. As possibilidades de amar hoje são infinitas.

Dormir em quartos separados, cada um em uma casa, relações monogâmicas, ter um sabático na relação... a verdade é que não existe certo ou errado. Existe o que funciona para cada um.

A internet, por exemplo, tem transformado as maneiras de nos relacionarmos. Temos a chance de encontrar pessoas de todos os cantos do mundo. Nos tornamos detetives do amor. Cheio de emojis, conexões intermitentes e aventuras virtuais. O amor pode ser estranho na web, mas quem sabe, talvez você encontre o seu "para sempre online" em meio a toda essa diversão cibernética! 😄💻♡

O que não podemos é viver no piloto automático ou no modo de espera. Temos um milhão de incertezas e questionamentos. E não precisamos ter todas as respostas. Vamos viver. Cair e levantar diversas vezes. Vamos nos dar a liberdade de sentir e escutar o que nossos sentimentos nos dizem. Como diz uma grande pequena amiga "escute mais o seu coração".

Muitas vezes o que é simples pra você, pode ser um desafio para mim. E não é frescura da minha parte. Cada uma de nós tem o seu tempo e o seu momento. Cada uma com suas histórias e suas dores. como diz Esther Perel: "a qualidade das nossas relações marca a qualidade de nossas vidas".

No território do amor, existe uma dualidade fascinante. O contraste entre o amor ideal e o amor real. O amor ideal é aquele com o qual sonhamos, onde tudo é poesia. É o amor dos contos de fadas e dos filmes românticos. Já o amor real, por sua vez, é o amor que existe, independentemente de ideais. É o amor baseado na compreensão e aceitação mútuas.

Ambos com suas belezas próprias e com significados um tanto diferentes e, no entanto, eles não precisam estar em conflito. Podem coexistir perfeitamente, pois, enquanto um inspira, o outro fundamenta. E no final, é através do equilíbrio de ambos que se cria uma linda história de amor. Um amor exclusivo, pessoal.

E aí vem a tão falada maturidade emocional, que nos guia delicadamente pelo equilíbrio dessas duas formas de amar. Ela nos permite explorar nossa imaginação e manter nossos pés no chão. É uma jornada de autodescoberta, autoaceitação e crescimento. É a habilidade de ouvirmos com nossos corações, reconhecendo também os medos, os desejos e a vulnerabilidade do outro. E assim, caminharmos na construção de relacionamentos mais profundos e significativos, encontrando a coragem de sermos quem somos, com todas as nossas imperfeições, sem máscaras, sem condenações e com o mais profundo respeito por toda a nossa bagagem que nos trouxe até aqui.

Infelizmente não existe um manual de instruções

para o amor. Mas, podemos cuidar dos nossos relacionamentos. Não importa se é antigo ou um novo amor. Ambos os tipos de amor têm seus próprios encantos e desafios. Alguns casais conseguem manter a chama acesa no amor antigo, enquanto outros encontram a emoção e a renovação em um novo amor. A chave é valorizar e nutrir o amor, independentemente da sua idade, para que ele continue a enriquecer nossas vidas.

Vale prestar mais atenção. Lembrar de como ele, ou ela, gosta do café, dar mais beijos prolongados, abraços inesperados, frutas cortadas, passeios de mãos dadas, compartilhar um livro... Talvez experimentar algo novo: uma aula de dança, arte ou culinária. Ou apenas dedicar mais tempo ao seu amor, pois é no amor que encontramos aconchego, intimidade e cumplicidade. Somos ouvidos e compreendidos.

Que a gente possa fazer as melhores escolhas. Que deixemos de lado as regras de outras pessoas e possamos acreditar mais nos nossos sentimentos. Que a gente siga o que é real para cada uma de nós e que a gente nos dê mais chances. Ao velho, ao novo, ao que quer que seja!

Pois é. Amar dá trabalho! Mas o esforço vale a pena, porque é o amor que nos conecta, nos inspira e nos lembra do significado da vida.

Porque amar é viver.

CAPÍTULO 9

dor medos e coragem

Acho que, juntando todos os meus medos, basicamente sinto medo de não ter coragem para vencer os meus medos.

Às vezes, a vida muda de forma repentina, como se arrancasse parte do nosso coração. Como um vazio que parece impossível de ser preenchido novamente. Um vazio que está nos pensamentos, nas memórias e na ausência.

Momentos de angústia se misturam à saudade.

A verdade é que não estamos prontos para lidar com encerramentos, com o fim de algo que foi, por algum tempo, parte intrínseca de nós mesmos.

Deixar pra trás algo que nos era tão conhecido, reconfortante e rotineiro, nos assombra. É como desaprender a viver, nos despedir de sonhos e esperanças.

No início, a dor parece avassaladora. É um processo de luto que exige tempo. Alguns dias parecem mais difíceis do que outros, sentimentos de fraqueza, raiva, tristeza, medo... medo de como será o amanhã...

E o tempo vai passando. Isso não significa necessariamente, que a dor vai embora. Muitas vezes ela se torna algo que aprendemos a carregar conosco. Muita gente diz que os encerramentos são essenciais para o nosso próprio amadurecimento. Eu gostaria de não precisar sofrer pra poder seguir em frente. Apertar um botãozinho que me fizesse andar pra frente e reaprender a viver novamente.

Lembro de quando meu filho tinha apenas nove anos e sofreu um bullying na escola. Ouvi, naquela época, que aquele episódio seria importante para o seu futuro, que o deixaria mais forte para superar outros obstáculos. Não acredito que uma criança precise sofrer para lidar com qualquer obstáculo. Acho importante que elas enfrentem desafios para desenvolver resiliência, mas acho que isso pode ser feito de maneira mais positiva, com apoio e encorajamento adequados.

Cada um de nós tem uma maneira de lidar com as emoções de um "luto". Algumas pessoas precisam se recolher em si mesmas, outras precisam de apoio externo, umas demoram mais tempo que as outras. Que bom seria se houvesse uma receita exata. Mas a verdade é que, para parar de doer, infelizmente precisa doer um bocado...

É como se a vida desacelerasse, o tempo demorasse mais a passar e o coração parecesse falhar inúmeras vezes. E, no meio de tudo isso, ainda precisássemos encontrar forças para nos equilibrar numa vida que, de uma hora para outra, se tornou desconhecida.

E a vida vai se transformando. A dor nos instiga a buscar dentro de nós, recursos que nem sabíamos existir. Ela nos mostra que somos mais fortes do que imaginávamos. E assim, a dor também se transforma, sua intensidade diminui, nos apresentando a promessa de um novo começo apesar dos nossos medos, e sempre com muita coragem.

Acho que nunca senti tantos medos como sinto hoje. Novos medos. Medo de sentir medo. Medos que não me lembrava sentir. Coragens que deixei para trás. Coragens que me fazem falta agora. Várias vezes eu os confundi com fraqueza, o que seria um tremendo engano, pois dizem que os "fortes" também sentem medo embora, muito provavelmente, não o demonstrem.

Será que isso faz parte do nosso crescimento? Afinal de contas, a vida não nos dá tréguas, estamos em constante movimento e as mudanças são parte natural desse processo.

Outro dia me perguntaram do que sinto medo. Acho que, juntando todos os meus medos, basicamente sinto medo de não ter coragem para vencer os meus medos. O fato é que estou tendo coragem suficiente para falar dos meus medos, então, suponho que esse seja um bom começo.

Tenho a sensação de que falar de coragem ajuda a superar nossos medos e acredito que tudo a que damos atenção, ganha mais importância. Estou aprendendo com a vida que, às vezes, a gente só precisa deixar o tempo passar, que tudo pode acontecer conforme o não planejado, que a gente não tem o controle de tudo, mas que, com certeza, a vida fica mais bonita quando focamos na leveza e na beleza das coisas. No entanto, temos o controle do pensar. Eu, particularmente, sou uma pessoa que pensa demais, demoro pra conseguir acalmar a minha mente e exercitar esse controle tem me ajudado bastante. E, assim, tenho aprendido a lutar contra os meus medos.

Tem gente que diz que não é bom ser destemido, que o medo nos faz ponderar. Acho que o equilíbrio entre os dois é a dose perfeita. Só me preocupo em lutar para que meus medos não me paralisem.

O medo não tira o perigo, então, se houver medo, vá com medo mesmo! "Pois tem dias que até a coragem precisa de coragem para tomar coragem..."

CAPÍTULO 10

dias bons e outros nem tanto

Todos nós sabemos que a vida tem seus altos e baixos. A vida como ela é. Momentos em que estamos felizes, nos sentimos amadas, desejadas e seguras. O trabalho está bom e tudo anda bem. E, às vezes, parece que nada é suficiente.

Você está lendo este livro e pensando quem é essa Silvia de verdade.

A verdade das verdades é que mesmo escrevendo palavras bonitas, dividindo pensamentos bons, tenho problemas como qualquer outro ser humano. É até engraçado, pois quem me "conhece" assim de "oi" e "tchau", imagina que tenho uma vida "perfeita". E já ouvi muito isso. "Não tem tempo ruim pra você", "Você está sempre de bem com a vida"... Outro dia um colega do beach tennis falou para meu filho que estou sempre jogando sem tirar o sorriso do rosto. E escrevendo este parágrafo, lembrei de quando meu filho Pedro era pequeno, mais ou menos uns dez anos de idade (hoje com vinte!). Um dia ele me perguntou por que eu falava com as pessoas sempre sorrindo. Lembrei aqui que quando era pequena, meu apelido era "risadinha". Será que a gente nasce com um gene específico? Eu não sei bem o porquê, mas gosto de sorrir e espalhar sorrisos por aí... Mesmo quando estou num dia não tão bom.

Então vamos falar da Silvia com mais profundidade, que alguns dias acorda com riso difícil e que nas últimas semanas, inclusive, tem lutado avidamente contra crises de pânico e ansiedade. Um verdadeiro caos. Coração palpitando, corpo estremecido, medos inexplicáveis, choros constantes... e por aí vai.

A sociedade, muitas vezes, nos pressiona a esconder nossas dores e fragilidades, e acabamos nos sentindo pressionadas a vestir uma máscara de felicidade constante. Principalmente quando nos deparamos com feeds e stories nas redes sociais mostrando, na maioria das vezes, uma realidade que não é real.

Todos nós sabemos que a vida tem seus altos e baixos. A vida como ela é. Momentos em que estamos felizes, nos sentimos amadas, desejadas e seguras. O trabalho está bom e tudo anda bem. E, às vezes, parece que nada é suficiente. Uma sensação de vazio, angústia e a busca incessante por um significado na vida. Dias esses, que fico exausta até de mim. E o desespero em querer que as coisas melhorem de um dia para o outro, só aumentam ainda mais a minha ansiedade (sim, sou imediatista), mesmo sabendo que as coisas levam tempo para se ajustar.

Às vezes, achamos que a vida não está a nosso favor, simplesmente pelo fato de querermos tanto algo que não aconteceu. Pois é, uns dias serão mais difíceis do que outros.

Eu, por exemplo, tenho muita dificuldade em lidar com a dor. Muito provavelmente por ter sofrido a perda de meu pai muito cedo, com apenas doze anos de idade. Eu preciso chorar, me descabelar, conversar com amigas, terapeuta, abraçar as pessoas que amo para me sentir acalentada. O silêncio, para mim, não funciona. Sinto a dor e ainda a dor em resistir à dor. Pois é, nada fácil. Por outro lado, tenho uma amiga que precisa se isolar. Já se afastou do mundo por semanas. Da última vez, por um ano. E voltamos a nos falar como se nada tivesse acontecido. Não era nada pessoal. Ela é assim e tive que respeitar o seu tempo. (Claudia, te amo!)

E a vida continua. Tudo vai mudando. E como

meu querido irmão Nelson me disse quando terminei um namoro há muitos e muitos anos... tudo passa. Acho importante dividir um pouco dessa dor aqui, pois vejo que as pessoas são especialistas em dividir seus sucessos, mas a verdade é que nossos "insucessos" são fonte de grandes ensinamentos.

Nessa minha recente "luta" contra meus ataques de ansiedade, tenho tentado de tudo um pouco. Infelizmente, a meditação ainda não está consolidada na minha rotina, mas a prática de esportes, a leitura, a companhia dos meus cachorros e o amor da minha família, têm me ajudado bastante. Sem contar as conversas com amigas queridas (lembrem-se que o silêncio não funciona para mim) e sessões de terapia.

O propósito na vida não é se sentir pleno em todos os momentos, mas sim, encontrar um balanço no meio dessa bagunça de sensações. Nos permitir testemunhar nossas diferentes emoções. Nos livrar da ideia de que estamos fracassando cada vez que nos sentirmos tristes, nervosas ou angustiadas. Não precisamos provar nada para ninguém. Temos que impressionar a nós mesmas. Nos agradar, nos acarinhar e nos abraçar. Que nós sejamos nossas melhores amigas. Sempre!

Aliás, você já se abraçou hoje?

CAPÍTULO 11

fomo ou jomo?

Imagine o seguinte: sexta-feira à noite e você está confortavelmente aninhada no sofá, com uma tigela de pipoca, pronta para assistir ao seu programa de TV favorito. A vida é boa, certo? Bem... até que seu telefone vibra com uma enxurrada de mensagens e notificações do Instagram.

Dia desses, em um artigo sobre tendências, me deparei com um assunto que trata, resumidamente, de duas siglas que estão muito em alta: FOMO e JOMO.

Pra quem nunca ouviu falar, FOMO é a abreviação da expressão em inglês "Fear Of Missing Out", que significa o "pânico de perder o bonde", gerado pela tecnologia, em função da quantidade de informações com as quais somos bombardeadas simultaneamente.

Quem nunca...

É medo de ficar de fora das fofocas dos grupos de Whatsapp (eu, só no beach tennis, faço parte de quatro), de não responder instantaneamente os e-mails de trabalho, demorar muito pra curtir a foto do melhor amigo, checar enlouquecidamente as novidades das redes sociais, levar o celular para tudo quanto é canto, se sentindo pelada quando não está com ele a tiracolo. E quando a gente resolve colocar o celular no mudo pra, teoricamente, dar um tempo pra cabeça e mesmo assim entramos em desespero quando ele demora para tremer? Estudos comprovam que dormir com o celular ligado e carregando ao lado da cama é arriscado e perigoso. Pergunto: alguém consegue não fazer isso?

Agora com a possibilidade de trabalhar de casa, quem, durante as reuniões no zoom, não aproveita para responder mensagens, ou até mesmo fazer compras na Amazon?

Antes de escrever este capítulo, eu me achava okay, que não era uma louca varrida, desesperada por informação. Mas agora vejo que não é bem assim... Meu celular não sai do meu lado. Vamos dar uma corridinha juntos, ele está do meu lado na aula de yoga (no vibra call, mas está lá!). Meu parceiro de beach tennis, por exemplo, joga com o celular no bolso + o Apple Watch... Vai entender.

E a loucura de não estarmos atualizadas sobre todas as séries do momento? É Netflix, AppleTV, HBO, Prime... Drama, comédia, documentário... Fora que agora tem todas as novelas na Globoplay. Perdemos o hábito de ir ao cinema, porque está tudo ali, na nossa frente, com pipoca e o nosso sofá.

Eu sou uma dessas malucas que assiste a várias séries ao mesmo tempo. Mas o fato é que, muitas vezes, passados dois dias, já não consigo me lembrar de quase nenhum detalhe, apenas se eu havia gostado, ou não. Várias vezes reparei estar assistindo um episódio pela segunda vez, somente perto dos créditos finais. E aí vem a pergunta: Será que esse esquecimento é normal por causa desse boom de informação, ou será a nossa amiga menopausa?

Imagine o seguinte: sexta-feira à noite e você está confortavelmente aninhada no sofá, com uma tigela de pipoca, pronta para assistir ao seu programa de TV favorito. A vida é boa, certo? Bem... até que seu telefone vibra com uma enxurrada de mensagens e notificações do Instagram. De repente, não se trata apenas do seu programa, trata-se de toda a sua vida social em jogo! Até o cachorro, que está deitado bem juntinho de você, se irrita, mas num mundo que está sempre no modo ON, não há problema em pausar a

TV e curtir seu programa no seu próprio ritmo, não é mesmo?

Bem-vindo ao mundo de FOMO. Ele pode atacar a qualquer hora, em qualquer lugar e pode transformar, até mesmo as pessoas mais relaxadas, em um turbilhão de ansiedade e indecisão.

Então, da próxima vez que o FOMO tentar entrar furtivamente na sua vida, lembre-se de que a vida é feita de escolhas. Aproveite os momentos e deixe o FOMO ficar em segundo plano. Afinal, perder alguma coisa, muitas vezes significa ganhar outra – como um precioso "tempo pra você", ou momentos de qualidade com o seu amor.

Nós não devemos estar sempre disponíveis. Precisamos de uma vida mais equilibrada e menos estressada. Então por que não entrarmos de cabeça no JOMO?

JOMO é a abreviação de "Joy Of Missing Out" que, por sua vez, significa a "alegria de estar perdendo", mais precisamente, a alegria de estar presente no momento e poder desfrutar da quietude, priorizando nosso bem estar.

Essa transição significa abraçar a ideia de que perder certas coisas pode ser uma fonte de felicidade e realização, quando na verdade, tem tudo a ver com saborear momentos de paz, tranquilidade e conexão genuína consigo mesma e com o mundo ao nosso redor.

Parece fácil, não? Mas infelizmente está sendo mais difícil do que eu imaginava. Tenho lido muito a respeito e vou dividir alguns exercícios que têm me ajudado bastante e, quem sabe, podem ser úteis para um outro alguém.

A base de tudo é priorizar o autocuidado e o bem-estar pessoal. Isso pode incluir ler um livro, praticar meditação, ou simplesmente desfrutar de algum tempo tranquilo com um hobby que a gente curte. Ao mesmo tempo precisamos dizer mais "nãos" e respeitar o nosso tempo, fazer mais um pouco de nada, talvez... dar mais valor à qualidade que à quantidade. Deixar de estar sempre ocupada e encontrar contentamento em apenas perder o barulho do mundo.

A beleza de não fazer nada é a oportunidade de nos reconectarmos com as pessoas que amamos, de sentir o tempo desacelerar e simplesmente deixar nossos pensamentos vagarem. É também uma rebelião contra as exigências implacáveis de um mundo em ritmo tão acelerado, que nos faz entender que somos muito mais do que uma lista de tarefas. É simplesmente ser!

Outro dia, tive o privilégio de assistir a um show do ABBA, em Londres. Foi uma experiência indescritível. Depois de mais de quarenta anos, o grupo voltou aos palcos, mas desta vez, virtualmente. Foi uma das experiencias imersivas mais incríveis que vivi ultimamente. Estou contando isso, porque, assim que entrei na arena construída especialmente para esse show, recebi o aviso de que era proibido filmar ou fotografar o espetáculo. Foi um balde de água fria, já que eu estava, não somente preparada para fotografar e filmar, mas também convidar minhas amigas loucas por ABBA (como eu) para assistirem comigo, via Facetime. Mas aí veio uma “nova/velha” experiência tão gratificante que há muito tempo deixei para trás. Eu estava lá, com olhos abertos e ouvidos atentos, cercada por um público 90% feminino que, ao invés de olhar para as suas telas, estava dançando e cantando como se não houvesse amanhã. Não havia selfies, stories para serem atualizados, apenas a música e a sensação de estar 100% naquele lugar e naquele momento.

Que eu consiga fazer mais disso, mesmo quando não for proibido. Afinal de contas, a vida é curta e como é bom curtir o momento sem ser interrompida por tantas notificações e telas brilhantes. É hora de desplugar e apenas curtir o presente. Me dar o direito de desacelerar, rever minhas prioridades e não ter medo de seguir em frente. De criar memórias vivas e simplesmente deixar a vida nos levar!

CAPÍTULO 12

de tudo um pouco

uma salada de pensamentos

O mundo precisa de mais sonhos – mais corações iluminados pela paixão, mais mentes iluminadas pela imaginação e mais almas abraçando o poder da possibilidade.

Te faço um convite: vamos relaxar no sofá e tomar uma taça de vinho, ou uma xícara de chá, ou o que te fizer relaxar, e bater um papo? Um papo sobre o nada, ou um papo sobre tudo. Não importa. Vamos apenas deixar os pensamentos fluírem.

Eu, quando junto com minhas amigas, fica tudo parecendo uma loucura. Falamos de um assunto e de todos ao mesmo tempo. É como se todos os nossos problemas do dia a dia desaparecessem. O riso começa como um toque suave de risada, mas logo se transforma em uma tempestade de gargalhadas. Somos cúmplices e prontas para apoiar nossos delírios mais absurdos. Afinal, quem precisa de sanidade quando se tem amigas para compartilhar a loucura?

O mundo anda meio louco. Estamos em 2024 e temos carros autônomos, robôs entregando pizzas e influenciadores de mídia social fazendo carreira experimentando diferentes sabores de água. Sim, você leu certo – água! O que vem a seguir? Um sommelier de água? E eu me encaixo nessa loucura porque eu, que odeio água, só consigo tomar Evian, porque acho que ela tem uma textura diferente, vai saber...

E não me fale sobre tendências! Em um minuto, tudo gira em torno de torradas de abacate e, no minuto próximo, estamos usando a mesma receita como uma máscara facial. E a internet? Ah, a internet! De gatos dançando em vídeos virais, a debates políticos que fazem você querer se desconectar do mundo real e viver em uma cabana isolada no meio do mato.

Tá todo mundo ansioso. Parece que ninguém consegue relaxar. Cadê o ócio criativo? O Whatsapp, que nos induz a entrar em inúmeros grupos e, se a gente não entra, dizem que somos antissociais. E aí, se a gente não responde à mensagem nos cinco minutos seguintes, é o fim do mundo! Sair de um grupo então, nem pensar! Tem também aquele app de saúde que insiste em dizer que nosso sono não foi suficiente, mesmo quando a gente tem certeza de que está dormindo melhor do que nunca. Tem as malucas que vão jogar beach tennis com o Apple Watch pra contar as calorias. Já jogaram dez partidas, estão quase morrendo no meio da quadra, mas não desistem, pois ainda faltam 111 calorias.

O mundo está mais estranho do que nunca. Mas, desde quando ele foi normal? Hoje temos verão no inverno e inverno no verão. Em um dia faz 40 graus Celsius e no outro, 12. Haja saúde!

A gente tá precisando desacelerar um pouco. Respirar com calma, esvaziar a mente quando ela estiver muito cheia. Precisamos sonhar mais, ir atrás das nossas aspirações. E só precisamos dar o pontapé inicial.

O mundo precisa de mais sonhos – mais corações iluminados pela paixão, mais mentes iluminadas pela imaginação e mais almas abraçando o poder da possibilidade.

Os sonhos nos lembram que não importa de onde viemos, ou quem somos. Todos partilhamos a profunda necessidade de imaginar um futuro melhor.

Tenho dois filhos "sonhadores" que amo mais do que tudo nesta vida, e que são a prova viva de que podemos acreditar num amanhã mais promissor. Eles sonham com um mundo onde a igualdade é mais do que uma ideia, um mundo onde ninguém é julgado por sua origem, raça, gênero ou orientação, mas sim, pelos seus valores e caráter. Eles sonham com um planeta saudável, onde a natureza é protegida e respeitada. Eles se preocupam com a sustentabilidade e acreditam que a empatia e compaixão são a base das relações humanas.

Imagine um mundo onde todas as crianças, independentemente de sua origem ou condição socioeconômica, tivessem acesso à uma educação de alta qualidade?

Imagine um mundo onde a pobreza fosse relíquia do passado?

Imagine um mundo sem discriminação e racismo? Onde a sociedade abraçasse a diversidade e pessoas de todas as raças, cores, religiões e gêneros pudessem viver em harmonia?

Imagine um mundo onde o cuidado com a saúde fosse um direito acessível a todos?

Imagine um mundo onde as nações trabalhassem em conjunto para enfrentar os desafios globais?

Imagine um mundo mais pacífico e justo?

John Lennon imaginou e nos inspirou.

Precisamos de mais coragem. E mesmo se vier o medo, vamos em frente assim mesmo. Quem nunca ouviu que “antes de melhorar, piora”? Que antes de dar certo, dá muito errado?

E se a gente não se importar mais com o que os

outros vão dizer? E se a gente se distanciar de pessoas negativas que sugam nossas energias, nos afastarmos das que nos adoecem e nos aproximarmos das coisas que nos fazem bem?

Tenho pensado muito sobre a nossa eterna busca por certezas absolutas. Ao enfrentar um problema complicado, ou algo inesperado em nossas vidas, é fácil ficarmos confusas e ansiosas. Ultimamente, para o bem da nossa sanidade mental, tornou-se aceitável expressarmos nossa confusão com pitadas de certeza. Mas o fato é que é quase certo que essas certezas irão manter nossas confusões, especialmente quando aquilo que a gente tinha certeza que ia funcionar, não funcionou. Ou seja, a única certeza é que certeza não existe! Confuso não? Essa é a beleza da coisa toda!

Não sei se o mundo está louco, ou se sou eu que me sinto um pouco enlouquecida. O fato é que, muitas vezes, sinto não caber em lugar algum. Talvez seja apenas o momento. Talvez seja eu mesma mudando, descartando velhas crenças e convicções, buscando a coragem para me livrar de tantas expectativas ao meu redor.

O tempo tem mudado o meu olhar para o mundo e para mim mesma. Tenho olhado com mais carinho para as minhas fragilidades e potencialidades.

Outro dia me perguntaram se é normal a gente mudar de gosto. Eu mudo de gosto, de ideia, de pensamento o tempo todo. Acho que a vida vai nos ensinando a cada dia, com cada pessoa nova que "entra" no nosso mundo, e com toda uma bagagem que não podemos descartar.

A moda, por exemplo. É fascinante como ela é cíclica, como ela se reinventa com o tempo. O que parecia antiquado, volta a ser considerado moderno e vice-versa.

E nossas ideias também são passíveis de mudanças. Reconsiderá-las é nos abrir às novas experiências, sermos capazes de ouvir diferentes pontos de vista, nos abrirmos para o mundo. Explorar novas perspectivas. Ler livros variados, questionar nossas crenças e preconceitos e aceitar as diferenças, pois, a adversidade é uma das características mais incríveis da humanidade. Imagine como seria entediante se fóssemos todos iguais?

Já parou para pensar o quanto você mudou nesses últimos anos? Fisicamente, emocionalmente... Não tem problema você perceber que não é mais você. Pior ainda, que você não é mais você há muito tempo! Isso é fato e tudo bem.

Apesar de não percebermos o tempo passar, sempre soubemos que passaria. Mas será que isso é realmente um problema? Eu sou agora tão jovem quanto jamais serei. E agora, mais do que agora a pouco... que agora pouco... agora pouco...

Envelhecemos. Simples assim. Aceitar que haverá mudanças e que pode haver alguns dias bons e outros ruins, pode aliviar muita pressão. Há algo mais a ser dito sobre simplesmente seguir o fluxo.

Antigamente, o ciclo padrão das nossas vidas era: nascimento, puberdade, casamento, menopausa e velhice. Hoje em dia, a mulher não é obrigada a casar e seguir os padrões tradicionais que eram comuns em épocas passadas. Hoje, existe muita vida pré, durante e pós-menopausa. A minha pergunta é: se nós, mulheres na faixa dos cinquenta, temos medo de mostrar que estamos envelhecendo naturalmente, qual é a mensagem que estamos transmitindo às mulheres mais jovens?

Não sou contra procedimentos estéticos. Na verdade, acredito que aos 50 anos devemos abraçar as escolhas que nos fazem sentir confiantes e confortáveis em nossos corpos. Seja uma rotina de cuidados com a pele, ou outro procedimento qualquer que melhore a nossa aparência, é tudo uma questão de escolha pessoal e de empoderamento, para que a gente possa se sentir feliz.

Precisamos ser menos críticas. Evitar criticar por criticar. Precisamos ser mais generosas com nossas palavras e construir conexões mais saudáveis, conexões que nos mantem firmes em meio às tempestades que surgem nas nossas vidas, vez ou outra.

O fato é que o futuro está nas nossas mãos. Para onde vamos, o que fazemos, ou como vivemos a nossa vida, só depende de nós. A gente não pode voltar atrás no tempo, mas podemos recriar a nossa história. A passos curtos, ou passos largos, mas sempre acreditando que na vida tudo é possível.

CAPÍTULO 13

um brinde à vida

A vida é imprevisível. Tudo pode mudar de uma hora para outra, de um dia para o outro. E aceitar essa imprevisibilidade da vida pode nos ajudar a viver cada dia da melhor forma possível.

Não poderia brindar à vida, sem antes agradecer às duas criaturas que são a razão da minha existência. Vocês, meus filhos, enchem o meu mundo de amor. Seus sonhos e aspirações transbordam esperança. Voem. Voem alto. Voem longe. Corram riscos, cometam erros e aprendam com suas experiências. Não há problema em não ter tudo planejado ainda. Experimentem o novo, tenham a mente aberta e sejam pacientes. Mantenham-se fiéis aos seus valores e princípios. E sejam felizes. Muito felizes. Estarei sempre aqui, com vocês. Desde sempre e para sempre.

Um brinde à família. Nosso porto seguro, nosso refúgio e nossa eterna fonte de amor. Um brinde às risadas, aos abraços, às memórias, aos amigos e ao amor. Um brinde mais do que especial aos meus irmãos, Nelson e Sérgio. Laços de sangue e de alma. Meus protetores, meus companheiros de vida, meus confidentes, minha casa. Vocês são a razão de eu ser quem sou e, é claro, de eu torcer para o melhor time do mundo: o nosso eterno Corinthians.

Um brinde às oportunidades e experiências vividas, que continuam nos oferecendo a capacidade de explorar, aprender e fazer a diferença nesse mundão afora.

Brindemos às coisas simples da vida que, muitas vezes, passam despercebidas: o nascer do sol, o cheiro de café fresquinho logo pela manhã, passeios com os nossos cachorros, a todos os lindos bichinhos que nos trazem tanta alegria. Ao barulho do mar, ao sol bronzeando a nossa pele, à comida caseira que nos remete à tantas lembranças do passado, ao pão com manteiga na chapa e um pingado...

Às cantorias com as amigas, à sensação de carinho e amor de um abraço apertado, à alegria contagiante de um sorriso genuíno, ao canto dos pássaros, ao som de chuva caindo.

Brindemos às páginas de livros fascinantes que têm o poder de nos transportar para outros mundos, aos gestos de bondade e empatia, ao pôr do sol, ao aroma das flores, ou à uma boa noite de sono, daquelas que renovam nossas energias e nos deixam revigoradas para um novo amanhã. Um brinde à musica, com seus ritmos e letras que nos embalam e nos alegram os sentimentos.

Um brinde ao Gonzaguinha e ao seu "viver sem ter a vergonha de ser feliz".

Um brinde ao Caetano e ao seu "caminhar contra o vento, sem lenço e sem documento".

Um brinde aos Titãs e ao "acaso que vai nos proteger, enquanto estivermos distraídos".

Um brinde ao Cazuza e aos "amores inventados".

Um brinde ao Gil e ao "andar com fé eu vou, que a fé não costuma falhar".

Um brinde ao Milton e aos "amigos que guardamos debaixo de sete chaves".

Um brinde ao Roberto Carlos e à "todas as importantes emoções que vivemos".

Um brinde à Rita Lee e aos "amores telepáticos".

Um brinde à Paula Toller e aos "amores com jeito de virada".

Um brinde à Ivete Sangalo e à "uma vida na base do beijo e na base do amor".

Um brinde ao Tim Maia que "chegou bem à vontade e descobriu os sete mares".

Um brinde ao Jota Quest aos “dias melhores, dias de paz, dias a mais e aos dias que não deixaremos para trás”.

Um brinde ao Tom Jobim e à “luz dos nossos olhos que resolvem se encontrar”.

Um brinde ao Lulu Santos e à “todas as formas de amor”.

Um brinde à Anavitória e às “manhãs de domingo cheias de conversas raras e boas”.

Um brinde ao Fábio Jr. e à “todas as almas gêmeas”.

Um brinde à Gal Costa e à “uma vida cheia de balancê”.

Um brinde à Marisa Monte que “em noite de lua cheia, ouve a sereia cantar”.

Um brinde à Simone, “à todas as ciganas e ao destino que será como Deus quiser”.

Um brinde ao Toquinho e ao “futuro que tentamos pilotar sem tempo, nem piedade e sem hora de chegar”.

Um brinde ao feliz dia novo!

Por que não comemorar todos os dias com a mesma alegria e intensidade que comemoramos o Dia das Mães, o Dia dos Pais, o Dia das Crianças, Natal... E o Réveillon? Por que precisamos esperar o primeiro dia do ano para repensarmos nossas vidas e redefinirmos nossos sonhos?

Coincidentemente está chegando mais um Final de Ano. Período de reflexão para uns, saudosismo para outros. Tempo de celebrar mais um ano que chega e nos despedirmos do que já passou. De encher nossos corações de promessas e esperanças. Levantarmos nossos copos e brindarmos à vida, aos novos ciclos, novos caminhos e a um futuro repleto de possibilidades.

Final de ano pra mim sempre foi motivo de festa. Adoro ver as ruas cheias de gente, todo mundo na correria de comprar presentes, marcar encontros, abraçar, se divertir. No Brasil, então, melhor ainda. É verão, astral lá em cima, todo mundo se preparando pra pular as sete ondas, comer romã e fazer valer todas as nossas superstições e mandingas... Cada um com suas crenças.

Este ano eu tô uma mistura de tudo. Estou cheia de saudades, meio melancólica, uma mistura de lembranças e desejos. E pela primeira vez, não estou me impondo metas. Estou apenas me permitindo sentir. Em tempos tão malucos descobri que não ter planos, também pode ser um excelente plano, pois, já nos ensinava Zeca Pagodinho, “a alegria de deixar a vida nos levar”.

Mas deixa eu me explicar melhor, tenho sonhos. Muitos. Sonhos que me impulsionam e me fazem levantar todos os dias, cheia de esperança e determinação. Portanto, que a gente nunca deixe de sonhar, de nos inspirar, superar desafios e buscar sempre algo maior.

Muitas vezes, vemos as pausas como interrupções. Eu, particularmente, tenho dificuldade em "pausar", mas estou me permitindo respirar, refletir e absorver tudo o que está ao meu redor. Estou tendo a oportunidade de me reconectar comigo mesma, compreender melhor as minhas emoções e entender que não preciso estar em constante movimento para sentir que estou progredindo.

A vida é imprevisível. Tudo pode mudar de uma hora para outra, de um dia para o outro. E aceitar essa imprevisibilidade da vida pode nos ajudar a viver cada dia da melhor forma possível.

Então, que cada dia seja um brinde à vida. Que possamos erguer nossos copos, não somente nos grandes momentos, mas nos pequenos instantes de felicidade também. Que a alegria de brindar se torne um hábito!

Um bride às pessoas gentis e generosas, onde destaco as queridas Preta Gil, Gloria Kalil, Bia Aydar, Mariana Weickert, Daniela Cachich, Natércia Tiba, Patô & Noca, Adriana Fraguas e o fenomenal Washington Olivetto.

E um brinde final a todas as mulheres que habitam o planeta e que a gente possa continuar pirando com muita bossa e borogodó.

CHEERS!

CONSIDERAÇÕES FINAIS

Vide a bula.

Vamos para a parte séria de toda essa questão.

Envelhecimento e menopausa são assuntos importantes e, felizmente, hoje não são mais tabus.

Até muito recentemente nossos sintomas eram minimizados, compartimentados e encarados como se não fossem nada sério, e tampouco tratáveis.

É fundamental enfatizar a importância da ajuda e apoio adequados durante esse período.

A orientação médica nos ajuda a compreender melhor nossas experiências individuais e a receber orientações sobre como tratar os sintomas. Qualquer tipo de terapia de reposição hormonal, medicamentos não hormonais, suplementos alimentares ou até acupuntura e medicina alternativa, devem ser discutidas com o seu médico, pois a abordagem ideal varia de mulher para mulher.

Ter um sistema de apoio de amigos, familiares ou até mesmo um terapeuta, pode ser extremamente valioso durante esse período.

Fazer ajustes no estilo de vida, incluindo uma dieta saudável, exercícios regulares e controle do stress através de técnicas de relaxamento, também podem ter um impacto positivo no controle dos sintomas da menopausa.

Só para não esquecer: a menopausa não é o fim do mundo. Mantenha o bom humor e continue a desfrutar sua jornada!

INTEGRARE EDITORA E LIVRARIA LTDA.
Rua Tabapuã, 1123, 7º andar, conj. 71/74
CEP 04533-014 – São Paulo – SP – Brasil
Tel. (55) (11) 5841-1328

Visite nosso site: www.editoraintegrare.com.br